AF495912

FÉLIX PRÉNAT

"ÉTUDES D'ŒUVRES"

Louis MERCIER

BIBLIOTHÈQUE NATIONALE BF IMPRIMÉS

BIBLIOTHÈQUE D'INTIMITÉS
IMPRIMERIE LEROY
185, RUE DE VANVES
1912

Louis MERCIER

1661

8 Ln27
56656-
56680

JUSTIFICATION DU TIRAGE

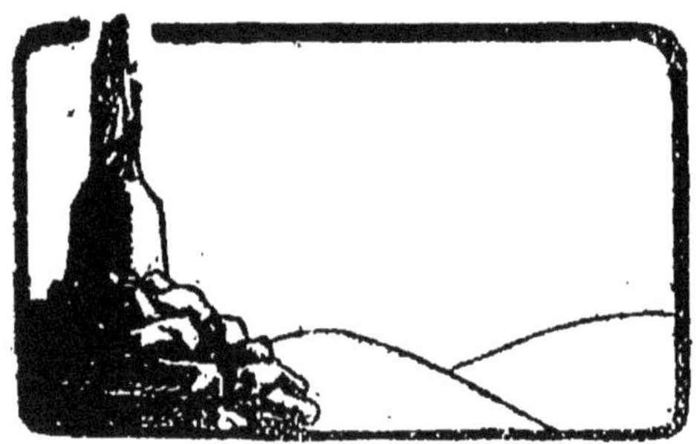

TOUS DROITS RÉSERVÉS

FÉLIX PRÉNAT

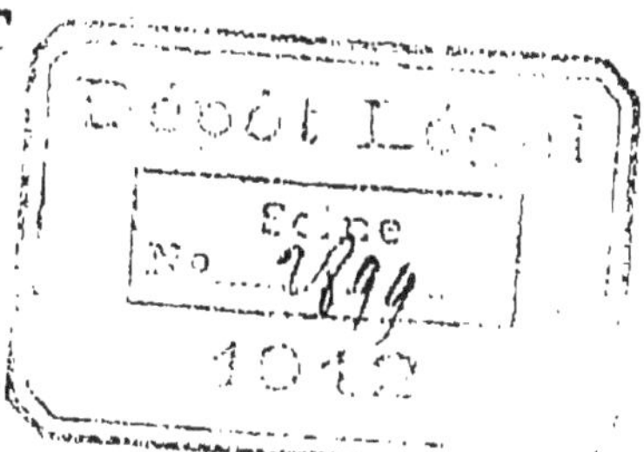

"ÉTUDES D'ŒUVRES"

Louis MERCIER

BIBLIOTHÈQUE D'INTIMITÉS
IMPRIMERIE LEROY
185, RUE DE VANVES

1912

L'éditeur Jouve vient de publier un petit volume de M. Albert de Bersaucourt sur M. Louis Mercier. J'avoue que j'attendais depuis longtemps une étude de ce genre sur ce poète. Dans une très remarquable « causerie littéraire » parue dans le « Mois littéraire et pittoresque » de juin 1903 et intitulée : *L'Alfred de Vigny du nouveau siècle*, M. Gabriel Aubray pouvait, il y a quelques années, se flatter à juste titre de révéler M. Mercier; — aujourd'hui, grâce à cette causerie, à la plaquette du vicomte d'Hennezel (1), aux brochures de M. Louis Aguettant et à quelques notes de jeunes revues poétiques, personne, heureusement ! de ceux qui s'occupent tant soit peu de poésie, n'ignore plus l'auteur des *Voix de la Terre et du Temps ;* — mais, il faut bien le dire, fort peu l'apprécient comme il faudrait, et le public, même le public catholique dont il devrait avoir

(1) *Un poète de la nature : Louis Mercier*, par le vicomte d'Hennezel. A Lyon, chez Paul Phily, éditeur, 1897.

toutes les sympathies, ne lui rend pas une suffisante justice. En somme, M. Mercier aujourd'hui encore est insuffisamment connu et goûté. C'est pourtant un très grand poète, le plus grand peut-être « qui depuis cinquante ans ait paru », comme a dit M. Aubray, et c'est pourquoi, à l'occasion du petit livre de M. de Bersaucourt, nous croyons intéressant de lui consacrer quelques pages et de nous essayer à mettre en lumière les titres nombreux que son œuvre présente à notre admiration.

***

Pour mieux faire comprendre les caractères de l'œuvre de M. Louis Mercier, nous nous permettrons d'abord quelques mots sur l'homme. — M.Louis Mercier est fils de paysans du Roannais. Il est né à Coutouvres le 6 avril 1870, au nord-est de cette riante plaine du Forez aux sites gracieux et simples qui fut déjà la patrie et l'inspiratrice d'Honoré d'Urfé, et, plus près de nous, de Victor de Laprade. — Élevé par une famille très catholique, très rigide en matière de religion et dont « les ascendants paternels avaient subi l'influence d'un curé janséniste », il a fait ses études secondaires au petit séminaire de Saint-Jodard ; puis, après avoir suivi les cours de la Faculté catholique de Lyon, il est parti en Tunisie accomplir ses trois ans de service militaire. Aujourd'hui il habite Roanne, où il est rédacteur au *Journal de Roanne.*

***

L'œuvre de M. Louis Mercier n'est pas très considérable, mais elle est très homogène, elle se tient toute. On a l'impression très nette que graduellement elle dégage les caractères les plus originaux du poète, s'épure jusqu'à atteindre le genre supérieur de *Lazare le Ressuscité.* On la sent aussi longuement mûrie, parfaitement exempte de cette fièvre de production que l'on déplore chez tant d'auteurs modernes, même des auteurs poétiques ; et cela est, à n'en point douter, une heureuse conséquence des conditions dans lesquelles elle a été travaillée. Dédaigneux de l'activité dispersante de Paris, de la plus grande notoriété qu'il y aurait pu trouver, M. Mercier n'est jamais sorti du coin de terre qu'il chante. Il a pu ainsi écrire dans le calme, sans se hâter, et garder toujours cette indépendance vis-à-vis des écoles, des critiques, du public même, qui lui a permis de conserver beaucoup d'originalité et de sincérité.

Le premier recueil de vers qu'ait publié M. Louis Mercier est *L'Enchantée.* Il parut en 1897 (1). C'est une très belle œuvre de jeunesse et de début, où l'on entrevoit toutes les qualités du *Poème de la Maison* et de *Lazare,* mais où l'on voit que l'auteur n'a pas encore bien fixé son genre. Nous ne nous y arrêterons pas longtemps, non plus qu'aux magnifiques *Voix de la Terre et du Temps* (2), qui suivirent, bien que ce dernier ouvrage soit peut-être celui où M. Mercier ait mis le plus de talent, parce que ce sont les plus connues de ses œuvres, celles qui ont été le plus souvent étudiées et le mieux, notamment par M. Aubray dans l'article signalé plus haut et auquel nous renvoyons pour plus de détails.

L'Enchantée dont le titre est déjà symbolique est un recueil assez mêlé. Nous y trouvons surtout un bon nombre de morceaux tout à fait dans le genre symboliste, pleins de ses artifices habituels

---

(1) 1 vol. grand in-8. A Paris, chez Paul Ollendorf, 1897 (épuisé).

(2) 1 vol. in-18. A Paris, chez Calmann-Lévy, 1903. Depuis les *Voix de la Terre et du Temps,* tous les ouvrages de Louis Mercier ont été publiés chez Calmann-Lévy.

de mythologie païenne, comme *Le Tueur des Sirènes*, *Songe d'Hiver*, *Le Retour*, — puis quelques pièces un peu à la façon de Théophile Gautier, de Hérédia, et même, d'après M. de Bersaucourt, de Victor Hugo, — d'autres d'une douce et fine sensibilité dans le genre de Sully Prudhomme comme *les Nids*, *Fleurs laides*, — certaines enfin qui font pressentir la manière des *Voix de la Terre et du Temps* et du *Poème de la maison*. — Les *Voix de la Terre et du Temps* parurent six ans après *L'Enchantée*. C'est ce livre qui a fait connaître M. Mercier et le fait est qu'il est magnifique. Plus varié que le *Poème de la Maison*, et plus homogène, plus original, plus épuré de symbolisme (sauf dans *Œdipe victorieux*) et d'imitations que *L'Enchantée* : c'est un recueil, très justement intitulé, de pièces toutes à la gloire de la terre, des saisons et des heures. — Il comprend cinq parties : *les Voix de la Terre et du Temps*, dont il faut citer *la Route* et la splendide *Prophétie de la mer*, — *les Souffles et les Ombres* où se trouve le magnifique *Poème du vent*, — un morceau philosophique très puissant, le *Cri de la Femme*, — puis *les Saisons et les Heures*, plus simples et d'une fraîcheur théocritienne, — et enfin le long poème sur *Œdipe victorieux*. Nous ne faisons qu'énumérer, mais chaque pièce vraiment serait à analyser, à mettre en lumière ! Il faudrait presque tout citer ! Ce qu'il faut retenir et signaler, en tout cas, à propos des *Voix de la Terre et du Temps*, c'est que c'est le meilleur recueil de M. Mercier au point de vue de la richesse et de la force du vers, — celui où paraissent le mieux sa science et son amour profond de la terre, de la « bonne terre », car c'est la terre nourricière et créatrice qu'il chante, où l'on sent qu'il a vécu dans les champs en fils de paysan, — celui qui est le plus varié, — celui aussi par lequel il se rapproche le plus d'Alfred de Vigny comme l'a fait voir M. Aubray, où il montre un pessimisme moins aigre et systématique que celui de l'auteur de *Samson*, mais qui voit toujours dans l'existence une réalité décevante, qui regarde la femme comme « toujours funeste » et s'inquiète des mystères effrayants des choses, pleure sur la détresse immense de l'humanité. Mais j'ai dit que nous ne voulions pas nous attarder à parler longuement de *L'Enchantée* et des *Voix de la Terre et du Temps* : aussi j'en arrive de suite au *Poème de la Maison.*

Le *Poème de la Maison* a été publié en 1906. C'est un livre admirable, quoique peut-être moins brillant que *les Voix de la Terre et du Temps*. Je connais peu de recueils de poésie aussi ramassés, où l'inspiration soit aussi soutenue et longtemps puisée à la même source, où il y ait moins de faiblesses malgré l'uniformité des sujets. M. Mercier y montre plus expressément que dans les deux premiers volumes, où cependant nous rencontrions l'exquise *Prière pour les voyageurs* et la *Parabole des blés*, qu'il conçoit la vie chrétiennement, qu'il est catholique. Il s'inspire plus souvent encore de la Bible et déjà la paraphrase quelquefois. « Quand l'auteur de *Ponce Pilate* peint la nature et la vie rurale », comme dit M. de Bersaucourt, Dieu lui est sans doute toujours présent ; mais encore dans *le Poème de la Maison*, il s'est surveillé davantage, et nous n'y rencontrons plus des descriptions psychologiques des passages comme certains des *Voix de la Terre et du Temps* qui, selon l'expression de M. Aguettant (1), « se défendraient mal contre une théologie rigoureuse ». — Plus expressément et constamment religieux, le *Poème de la Maison* nous paraît, par suite, d'un pessimisme moins farouche, plus transfiguré par la religion. — Mais cela tient surtout à ce que dans le *Poème de la Maison* M. Mercier glorifie des choses simples, célèbre la vie humble et familiale de la maison et des

(1) L. Aguettant, *Les Voix de la Terre et du Temps*, par M. L.Mercier. Chez Emmanuel Vitte, Lyon, 1903.

objets qui l'habitent, et à ce que dans toute glorification il entre un peu de joie, forcément !

Le *Poème de la Maison* n'est qu'un chant continu à la louange de la maison et de ses parties, de ses meubles essentiels. M. Mercier les montre comme des êtres vivants, décrit leur vigilance, leur fidélité, leur amour maternel, nous révèle leur âme.

Le recueil s'ouvre sur la description de la maison même et de ses divers états d'âme, si l'on peut ainsi dire, à mesure qu'elle vieillit, que changent les saisons, que meurent les siens.

A mi-côte, au milieu des vergers et des terres,
La maison de chez nous ne se voit pas de loin,
Car, pour vivre des jours pacifiques, nos pères
Bâtissaient en des lieux ombreux et solitaires
Et cachaient aux regards leur demeure avec soin.

. . . .

La maison sait les noms des champs où l'on travaille.

. . . .

Mais surtout le regard de ses fenêtres vieilles
Accompagne les siens qui besognent dehors.

. . . .

La maison non seulement protège l'homme, mais garde sous son toit tout ce qui lui sert : le cellier, la huche, la table, le lit, le berceau.

La maison a pâti du vent, des frimas, de la neige, elle a souffert de la disparition de ceux qu'elle aimait...

Après *la Maison* elle-même dans son ensemble, M. Mercier célèbre *la Porte* qui, ouverte pendant le jour, fait à tous un accueil indulgent et se ferme jalouse quand l'ombre

Inonde le pays de ses hordes obscures,

car elle doit prendre garde à la mort ; — puis *la Cheminée* et le feu qui l'emplit, et l'âtre qui se souvient de ceux qui ne s'assièront plus devant lui ; puis *la Table* (le morceau commence par une magnifique paraphrase du Pater :

Dieu très bon, bénissez la table des ancêtres,
Donnez-nous le pain de chaque jour ô Maître !)

autour de laquelle les gens de la maison

S'acquittent de manger comme on fait d'un ouvrage;

— puis *le Lit* préparé pour les nouveaux époux siège de « l'amour, l'antique amour qui rajeunit le monde »; puis *l'Horloge* à « l'esprit ponctuel et diligent », le «Dieu du travail de la maison » ; — puis *la Lampe* (c'est peut-être là le plus parfait morceau du volume), la douce lampe qui « ne souffre point de sa captivité » et se contente de bien connaître les choses et les gens de la maison, la bonne lampe qui met les ombres en déroute, baise du plus pur de sa lumière le front de l'enfant au berceau, mais qui a peur du vent ; — puis *le Christ* pendu au mur lézardé, que l'auteur, dans un passage admirable, suppose descendre de la croix et revenir encore sur terre dans son pays cette fois :

> ... O Jésus...
> ... Si tu quittais encor la maison de ton père,
> Peut-être ce serait dans nos champs, cette fois...
> Que tu viendrais parler de la vie éternelle.

— puis *le Four* où le pain naît à la vie (qui est aussi une des plus belles pièces, peut-être supérieure à celle sur le même sujet de Maurice Bouchor), puis enfin *la Cave*, *le Grenier*, *les Fenêtres*, *le Puits*. — Je me laisse entraîner à tout citer, et cependant je ne fais qu'énumérer, et il faudrait analyser chaque pièce après l'avoir toute transcrite, et montrer avec quel art *simple*, avec quelle émotion contenue et un peu triste M. Mercier nous révèle, nous explique l'âme de toutes ces choses banales, les fait parler ! Le *Poème de la Maison* se termine par quelques pièces exquises, très vivantes, sur les animaux familiers de la maison : les bœufs, l'âne, les chèvres, le porc, le chien, et enfin, par un dernier morceau splendide, tout plein celui-là de résignation chrétienne, sur « *Eux* », les paysans qui habitent sa maison, dont la plupart sont morts et que l'auteur fait revivre dans un songe, en s'excusant auprès de leurs ombres de n'avoir pas continué leur tâche de paysans.

Ce qu'il faut retenir de ce recueil, c'est que si les vers y sont peut-être moins vigoureux et colorés, un peu plus négligés que dans *les Voix de la Terre et du Temps*, au moins la pensée de M. Mercier continue de s'y épurer, de s'y perfectionner au point de vue religieux et pour la noblesse de l'inspiration ; et que c'est un recueil d'une admirable uniformité et de haute poésie : car il fait — ce qui est un des caractères de la grande poésie — sourdre la grandeur cachée, la poésie mystique des choses les plus simples.

***

Après le *Poème de la Maison*, M. Louis Mercier en est arrivé, — par l'ascension de son genre que nous avons déjà plusieurs fois signalée,— aux poèmes d'inspiration purement religieuse. Ces poèmes au nombre de trois : *Les Sept Paroles*, *Lazare le Ressuscité* et *Ponce Pilate*, forment la dernière partie de son œuvre poétique. Nous ne nous arrêterons pas aux *Sept Paroles*, que nous connaissons moins. C'est un recueil de méditations et de dialogues, poignants de vérité et d'angoisse, inspirés à l'auteur par les sept paroles que prononça Jésus pendant son agonie du Calvaire. Voici que ce que M. de Bersaucourt en dit : «... Toute l'humiliation de son indignité et l'infinie reconnaissance qu'un chrétien est capable de ressentir en face du prodigieux sacrifice de son Sauveur » y sont exprimées avec une émotion intense ainsi que les phases d'une vie chrétienne et « les luttes d'une âme de croyant » dont Jésus demande l'amour :

Si tu savais, si tu savais le don de Dieu,
Tu me l'apporterais en hâte, ta pauvre âme,
Et, la purifiant de mon baiser divin,
En retour de ton faible et triste amour que j'aime,
De ma grâce abreuvante et forte comme un vin
Pour des jours éternels je l'emplirais moi-même :
Car ton amour si triste, en vérité, je l'aime ! —

C'est presque du Verlaine...

Avec *Lazare le Ressuscité*, M. Mercier continue et peut-être plus exactement encore de paraphraser l'Évangile comme il l'avait fait dans les *Sept Paroles*. — Il faut remarquer combien ce genre est difficile, quel tact, quel naturel, quelle simplicité il demande pour ne pas tomber dans le ridicule ou les fadaises ; mais M. Mercier possède supérieurement ces qualités. Il faut remarquer aussi que l'auteur aborde là un sujet souvent traité et qui pour lui-même n'est qu'un retour « à ses préoccupations essentielles, aux problèmes de la vie et de la mort ». — Selon une très juste expression, *Lazare le Ressuscité* est une œuvre « tout ensemble épique, hiératique et religieuse ». — Nous ajouterons que c'est surtout une œuvre d'invention psychologique, où avec beaucoup de vraisemblance, de couleur locale, de simplicité et de recueillement religieux nous sont exposés les états d'âme de Lazare revenu à la vie. Le livre commence par la reproduction du chapitre XI de l'Évangile selon saint Jean; puis, la résurrection ainsi racontée, M. Mercier, entrant tout de suite dans le vif de son sujet, nous décrit les impressions de Lazare *Après le miracle* : sa joie de revivre, de converser avec Marthe, avec Marie, avec Jésus, de sentir courir en ses veines engourdies « la chaleur merveilleuse et secrète du sang », de humer la bonne odeur du pain et de le manger. Mais, malgré ses prières et celles de ses sœurs qui ont peur, Jésus obligé de retourner à ses prédications, car son heure est proche, les rassure tendrement et part avec les siens.

...Le chemin sous ses pieds était beau
L'ombre se faisait douce et devenait plus calme
Parce qu'elle touchait les bords de son manteau.
De jeunes oliviers le frôlaient de leurs palmes :

B.N. IMPRIMÉS

Des femmes aux pieds nus, qui revenaient des puits,
A son aspect, posaient par terre leur amphore,
Et, criant : Hosannah ! elles tendaient vers lui
Leurs bras joyeux cerclés de bracelets sonores.

Et rentrées à nouveau dans leur petite maison de Béthanie, Marthe et Marie pressent doucement Lazare de questions :

... Dis-nous
Comment, l'heure venue, on quitte cette vie.

Alors le Ressuscité] leur raconte comment il s'est senti mourir : mais comme ses sœurs lui demandent encore ce qu'il a vu après la mort, s'il n'a rien découvert, s'il n'a pas retrouvé leurs parents, Lazare, dans un cri d'effroi mystérieux, leur répond : Je ne me souviens pas !

Un oubli plus profond que la mer de Gomorrhe
Recouvre les secrets que j'ai surpris là-bas.

Et pourtant :

Je devine qu'au fond de cet immense oubli,
Gisent des souvenirs de choses plus qu'humaines.

Mais :

Je ne me souviens pas ! Un infrangible sceau
Est posé sur ma lèvre et me ferme la bouche.

Alors Marie et Marthe s'excusent tendrement de leurs indiscrétions et lui conseillent de vivre sans l'affliger de ces chosess étranges et de l'oubli qui l'atterre, puisque cet oubli est la loi.

Docilement le Ressuscité leur obéit et reprend sa vie de tous les jours. Mais il est malheureux. Il inspire une crainte religieuse. Lia, la femme qu'il aimait, s'éloigne de lui respectueusement, et il sent qu'il ne pourra plus être aimé. Puis la foule le prend pour un imposteur et veut le apider, parce que, ne se souvenant plus, il ne peut dire ce qu'il a vu par delà le tombeau. Une mère éplorée lui demande s'il a vu là-bas comment on soignait son pauvre petit enfant mort, et il ne peut que s'enfuir en levant les bras au ciel ! Il souffre de plus en plus, il a comme un dépit d'être ressuscité... et alors il est tenté. Les princes des prêtres, effrayés du nombre d'adeptes que sa résurrection acquiert à Jésus, essayent de la lui faire nier... Mais Jésus arrive, le rassure, l'apaise et bientôt Lazare, saignant sous les pierres que lui jette une populace ivre soudoyée par le Sanhédrin, lui rend témoignage...

J'ai voulu essayer de résumer simplement ce poème, car je le pense vraiment trop parfait pour être commenté d'un mot. — Dans le même volume que *Lazare le Ressuscité*, M. Mercier a publié en 1910 *Ponce Pilate* (1). C'est une paraphrase des versets 45 à 55 du chapitre XXVII de l'Évangile selon saint Matthieu où l'auteur, sous la forme d'un drame (très peu fait d'ailleurs pour être mis à la scène), nous dépeint l'état d'âme de Pilate festoyant pendant que Jésus agonise sur le Calvaire... — C'est aussi une belle œuvre, mais assurément je l'aime moins que *Lazare le Ressuscité,* bien qu'on y trouve moins de négligences de versification.

***

Voilà, exposée à gros traits, et pourtant peut-être avec trop de longueurs, l'œuvre poétique de M. Louis Mercier. — Il ne nous reste plus pour conclure qu'à en résumer brièvement les caractères éminents et à en rappeler l'originalité. — Et cependant nous nous reprocherions de ne pas auparavant signaler, après l'étude de ses poèmes, un roman tout récent de M. Mercier : *Hélène Sorbiers.* Son apparition m'avait quelque peu attristé et rempli d'appréhensions. Le roman est un genre inférieur à la poésie versifiée et je pensais

(1) Des éditions de luxe de ces deux ouvrages avaient paru antérieurement chez l'éditeur lyonnais Lardanchet.

que l'auteur de *Lazare le Ressuscité* faisait trop bien les vers pour s'y abaisser. J'avoue que je le pense toujours un peu, mais je dois dire aussi que l'on trouve au moins dans *Hélène Sorbiers* le même amour, la même science de la terre, et, malgré d'assez nombreuses négligences de style, la même habileté à représenter un paysage, une heure, une scène que dans ses recueils de poésie, — puis, en tant que roman, deux caractères bien tracés, ceux d'Hélène et de son père, un curieux essai de psychologie enfantine, un sujet original : la vocation religieuse d'une jeune paysanne; si, par contre, on peut reprocher à l'auteur d'avoir peut-être trop simplifié son thème et un peu d'incohérence dans le récit...

***

En somme, la première qualité de M. Louis Mercier est l'originalité. Il ne fait partie d'aucune école. Successivement il a subi l'influence du symbolisme décadent et tant soit peu du Parnasse; puis il s'en est affranchi. — Si nous le comparons à nos grands poètes du XIXe siècle, c'est assurément à Vigny, comme l'a montré M. Aubray, qu'il ressemble le plus. Et encore faut-il répéter que son pessimisme toujours moins doctrinal s'est adouci et qu'il semble avoir très forte cette foi chrétienne dont l'auteur d'*Éloa* disait dans son journal : « Je n'ai trouvé dans la foi qu'une espérance ardente. » Parmi poètes modernes, on peut le rapprocher aussi d'Émile Verhaeren et de Francis Jammes ; mais il est moins réaliste que le premier, plus simple, plus classique, moins impressioniste que le second. Ainsi l'œuvre de M. Mercier est d'abord indépendante ; mais elle présente d'autres se caractères plus admirables. Elle est toute imprégnée d'un ardent amour, d'une profonde connaissance de la nature ou mieux de la « bonne terre » et des paysans, — elle est profondément chrétienne, toute parcourue d'un souffle religieux très pur, très évangélique, — elle montre une agréable mélancolie, enfin elle est simple et saine, elle révèle l'immense poésie qui dort dans l'âme cachée des choses communes. Puis M. Mercier possède une forme très sobre, très souple, très savoureuse, qui émeut sans phrase et qui évoque; ses vers parfois négligés, surtout dans son *Poème de la Maison* et *Lazare le Ressuscité*, sont au moins toujours vigoureux; — bref, il nous faut répéter ce que nous disions en commençant et ce que nous espérons avoir justifié : c'est un très grand poète, le plus grand peut-être paru depuis un demi-siècle, et il nous semble qu'il faut l'aimer d'autant plus que sa lecture fait du bien, qu'il a cette poésie qui élève l'âme.

ACHEVÉ D'IMPRIMER POUR « INTIMITÉS »

LE QUINZE JUILLET MIL NEUF CENT DOUZE

PAR M.-R. LEROY,

185, RUE DE VANVES, PARIS

BIBLIOTHÈQUE D'INTIMITÉS

ÉTUDES D'AMES

Newman. Histoire d'une âme, 1845-1890, par M. VICTOR BUCAILLE, in-16, 32 pages. Prix : 0 fr. 60.

Le Journal de Maine de Biran, par M. JULES DUPIN, in-16, 32 pages. Prix : 0 fr. 60.

ÉTUDES D'ŒUVRES

Louis Mercier, par M. FÉLIX PRÉNAT, in-16, 24 pages. Prix : 0 fr. 50.

INTIMITÉS

Revue mensuelle de poésie catholique

Abonnement : 3 fr.

Le numéro : 0 fr. 50

Adresser les envois à M. Jules Dupin, 104, rue de Vaugirard, Paris, VIe.

www.ingramcontent.com/pod-product-compliance
Ingram Content Group UK Ltd.
Pitfield, Milton Keynes, MK11 3LW, UK
UKHW021033220726
13924UKWH00001B/281